Q&A

特例民法法人移行手続案内

寺本吉男 編

はしがき

　公益法人制度改革3法（「一般社団法人及び一般財団法人に関する法律（平成18年法律第48号）」，「公益社団法人及び公益財団法人の認定等に関する法律（平成18年法律第49号），「一般社団法人及び一般財団法人に関する法律及び公益社団法人及び公益財団法人の認定等に関する法律の施行に伴う関係法律の整備等に関する法律（平成18年法律第50号）」）は，平成18年5月26日に成立し，同20年12月1日に施行されました。爾来，4年余が経過し，改正前民法に基づく公益法人は，上記法律により，特例民法法人となり，その多くは，一般社団・財団法人或いは公益社団・財団法人へと移行しつつある状況にあります。

　一方で，移行期間が1年余の現時点において，未だ移行手続に着手していないものや移行手続が遅々として進まないものも散見されます。

　本書は，そのような特例民法法人に対し，制度の概略を説明し，移行手続がいくらかでもスムーズに進むことを期したものです。

　なお，手続に必要な書式等は，公益information（https://www.koeki-info.go.jp）において，公開されていますので，まずはこちらをご確認ください。

　　2012年10月

寺 本 吉 男

〈凡　例〉

・一般社団法人及び一般財団法人に関する法律（**一般社団・財団法人法**）
・公益社団法人及び公益財団法人の認定等に関する法律（**公益法人認定法**）
・一般社団法人及び一般財団法人に関する法律及び公益社団法人及び公益財団法人の認定等に関する法律の施行に伴う関係法律の整備等に関する法律（**整備法**）

目　次

第1章　特例民法法人の消滅

- Q1　平成25年11月30日，特例民法法人は，消滅する。……3
- Q2　特例民法法人が，平成25年11月30日までに，何もしない場合，平成25年12月1日以降，法人格のない社団・財団として，活動できるか。……4
- Q3　残余財産は国庫に帰属するのか。……6
- Q4　負債が多い場合は破産となるのか。……9
- Q5　特例民法法人が生き残るためには移行手続をとらなければならないか。……10
- Q6　移行手続の準備はいつまでに始めなければならないか。……11
- Q7　公益法人と一般法人とのどちらを選択するか。……13
- Q8　一般法人移行認可申請に必要な書類は何か。……15
- Q9　公益法人移行認定申請に必要な書類は何か。……16

第2章　一般法人への移行手続

- Q1　特例民法法人が一般法人の移行認可を受ける場合，名称はどうしなければならないか。……23
- Q2　特例民法法人が現在保有している資産は，どうなるのか。……25

Q3 公益目的財産額の算定にあたって,財産の評価方法についてはどのような点に注意すればよいか。………27

Q4 特例民法法人から一般法人に移行するにあたって,移行前の定款に記載されている法人の目的・事業等をそのまま使うことができるか。………29

Q5 特例民法法人から一般法人への移行の際に,法人の目的・事業等を新たに追加することができるか。………30

Q6 一般法人の目的・事業等としてはどのようなものがあるか。………32

Q7 特例民法法人から一般法人に移行するにあたって,実施事業等の内容を記載する際には,どのような点に注意したらよいか。………34

Q8 特定寄付の相手方に制限はあるか。………35

Q9 公益目的支出計画の立案にあたって,どのような点に気を付ければよいか。………37

Q10 特例民法法人に赤字事業がない場合,公益目的支出計画の作成はどのようにすればよいか。………38

Q11 公益目的支出計画の実施期間に制限はあるか。………39

Q12 その他事業と公益目的財産額について注意する点は何か。………41

Q13 特別の利益供与と理事の報酬の関係はどうすればよいか。………42

Q14 モデル定款を参考に定款の変更案を作成する際に注意す

る点は何か。………………………………………………44
Q15　定款変更の注意点は何か。………………………………45
Q16　一般社団法人の機関はどう変わるか。…………………47
Q17　一般社団法人の社員総会の決議事項は増えたか。………49
Q18　一般財団法人の機関は大幅に変わるか。………………51
Q19　一般財団法人の評議員の権限にはどのようなものがあるか。………………………………………………………52
Q20　一般財団法人の最初の評議員はどうやって選任するか。………………………………………………………54

第3章　公益法人への移行手続

Q1　公益法人への移行認定を受ける場合，名称はどうしなければならないか。……………………………………57
Q2　公益認定の申請書の「4　公益目的事業の種類及び内容」及び「5　収益事業等の内容」欄には，何を記載しなければならないか。………………………………59
Q3　公益認定の申請書別紙1の「2　組織　(1)社員について」欄の記載で気をつけることは何か。………………61
Q4　新しい公益法人に必要な機関は何か。…………………63
Q5　公益法人の認定の要件とされる公益目的事業の分類は具体的にどうするのか。……………………………65
Q6　公益法人の事業の収益事業について，注意する点は何か。………………………………………………………68

Q 7　公益法人の事業におけるその他の事業とは何か。……… 70
Q 8　法人の財務に関する公益認定の基準は何か。……… 71
Q 9　収支相償,公益目的事業比率及び遊休財産額保有制限等の基準を満たすかどうかはどのような手順で算出するか。… 74
Q10　収支予算の事業別区分経理の内訳表（申請書別表G）はどのように作成するか。……… 76
Q11　各事業に関連する費用額の配賦（申請書別表F）とは何か。……… 79
Q12　収支相償の計算（申請書別表A）はどのように行うか。… 81
Q13　公益目的事業比率の算定（申請書別表B）はどのように行うか。……… 83
Q14　遊休財産額保有制限（申請書別表C）とは何か。……… 84
Q15　他の団体の意思決定に関与可能な財産の保有（申請書別表D）は認められるか。……… 86
Q16　申請の際に，申請書に添付する定款変更の案は，どのように作成すればよいか。……… 88
Q17　申請書に添付する別紙4「その他の添付書類」中の「7 確認書類」に記載することは何か。……… 90
Q18　理事，監事及び評議員の欠格事由を調査する方法はあるか。……… 92
Q19　公益法人における理事等の報酬については，どのように定めればよいか。……… 95
Q20　同業者法人，同族法人は公益法人となれるか。……… 97

〈執筆者紹介〉

寺本 吉男（てらもと・よしお）弁護士
　昭和62年弁護士登録
　平成10年税理士登録

荒木 哲郎（あらき・てつろう）
　寺本法律会計事務所・弁護士
　平成13年弁護士登録
　主な著書（いずれも共著）
　「ケース別　不動産をめぐる金銭請求の実務」（新日本法規）
　「証拠・資料収集マニュアル（新日本法規）
　「最新　取締役の実務マニュアル」（新日本法規）
　「借地借家紛争解決の手引き」（新日本法規）
　「特例有限会社の法律実務」（新日本法規）
　「遺言信託の実務」（清文社）
　「遺言の書き方・相続のしかた」（日本加除出版）
　「信託と倒産」（商事法務）
　「こんなときどうする会社役員の責任」（第一法規）
　「法的紛争処理の税務」（民事法研究会）
　「破産の法律相談」（学陽書房）
　「経営幹部・経理マンの商法・民法入門」（TFP出版）

常澤 隆史（ときざわ・たかし）
　山田・合谷・鈴木法律事務所・弁護士
　平成15年弁護士登録
　主な著書（いずれも共著）
　「個人情報保護と民暴対策」（(財)金融財政事情研究会）
　「民事介入暴力の法律相談」（学陽書房）
　「反社会的勢力からの企業防衛」（日経BP）

「金融界における反社会的勢力排除の理論と実務」（(財)金融時勢事情研究会）

「暴力団の介入を防止するために」（東京法令出版）

「雑誌ファイナンシャルコンプライアンス」
特集「反社会的勢力との取引規制指針と銀行の内部体制構築」

岡田美紀（おかだ・みき）

茅場町総合法律事務所・弁護士

平成18年弁護士登録

主な著書（いずれも共著）

「会社役員の法務必携」（清文社）

「Q&A 新会社法の実務」（新日本法規）

「非公開会社の実務」（第一法規）

「会社役員の責任Q&A」（第一法規）

「最新遺言信託の実務」（清文社）

「週刊法律新聞・企業のための株主総会対策2009」（法律新聞社）

「浜銀総研　経営サポートニュース・知っておきたい会社のコンプライアンス」（清文社）

仲田雄一郎（なかた・ゆういちろう）

仲田法律事務所・弁護士

平成19年弁護士登録

主な著書（いずれも共著）

「不動産取引相談ハンドブック」（金融財政事情研究会）

「借地借家紛争解決の手引き」（新日本法規）

「専門家のための事業承継対策ガイドブック」（ぎょうせい）

「取締役の実務マニュアル」（新日本法規）

「会社役員の責任Q&A」（第一法規）

「証拠・資料収集マニュアル」（新日本法規）

特例民法法人の消滅

　公益法人制度改革3法の施行により，特例民法法人は消滅することとなります。既に，目的を達成したと思われる法人は，これを機に解散手続に移行することも考えられますが，今後も継続を考えている法人は，移行手続を採らなければなりません。

Q1 平成25年11月30日，特例民法法人は，消滅する。

A

　特例民法法人は，平成25年11月30日までに，公益法人の認定を受けるか，一般法人の認可を受けない場合は，原則として，解散されたものとみなされ，解散登記がされます。例外としては，平成25年11月30日までに，上記認定或いは認可の申請がなされ，その認定或いは認可を受けた場合です。従いまして，何もしなければ，解散となりますので，従前の活動はできなくなり，粛々と解散手続を進めることとなります。

◆参考条文
[整備法46条]
　移行期間内に第44条の認定又は前条の認可を受けなかった特例民法法人は，移行期間の満了の日に解散したものとみなす。ただし，第44条の認定又は前条の認可の申請があった場合において，移行期間の満了の日までに当該申請に対する処分がされないときは，この限りでない。
2　前項本文の場合には，第96条第1項に規定する旧主務官庁（以下この款及び次款において単に「旧主務官庁」という。）は，前項本文の日後遅滞なく，同項本文の規定により解散したものとみなされた特例民法法人の主たる事務所の所在地を管轄する登記所に解散の登記を嘱託しなければならない。

Q2 特例民法法人が，平成25年11月30日までに，何もしない場合，平成25年12月1日以降，法人格のない社団・財団として，活動できるか。

A

結論として，活動はできません。前項で述べたとおり，解散となりますので，清算手続に入ります。清算手続とは，法人を消滅させるための手続ですから，その範囲でしか活動ができません。

既に目的を達成したと判断される法人は，これを機に，清算手続に入ることがいいといえます。

◆参考条文
[整備法65条]
　特例民法法人の清算については，なお従前の例による。
2　前項の規定にかかわらず，一般社団・財団法人法第131条の規定により基金を引き受ける者の募集を行った特例社団法人については，一般社団・財団法人法第236条の規定を適用する。
[一般社団・財団法人法131条]
　一般社団法人（一般社団法人の成立前にあっては，設立時社員。次条から第134条まで（第133条第1項第1号を除く。）及び第136条第1号において同じ。）は，基金（この款の規定により一般社団法人に拠出された金銭その他の財産であって，当該一般社団法人が拠出者に対してこの法律及び当該一般社団法人と当該拠出者との間の合意の定めるところに従い返

還義務(金銭以外の財産については,拠出時の当該財産の価額に相当する金銭の返還義務)を負うものをいう。以下同じ。)を引き受ける者の募集をすることができる旨を定款で定めることができる。この場合においては,次に掲げる事項を定款で定めなければならない。
　一　基金の拠出者の権利に関する規定
　二　基金の返還の手続
[同法236条]
　基金の返還に係る債務の弁済は,その余の清算一般社団法人の債務の弁済がされた後でなければ,することができない。

Q3 残余財産は国庫に帰属するのか。

A

清算手続において，残余財産がある場合は，
① 定款または寄附行為で指定した人に帰属
② 主務官庁の許可を得て，類似目的のために処分
③ 国庫に帰属

というのが従前の例であり，一般社団・財団法人法131条の規定により基金を引き受ける者の募集を行った特例社団法人は同法236条の規定の適用を受けます。

定款や寄附行為に定めがなく，処分ができない場合は，国庫に帰属することとなります。

なお，処分の定めがないために，そのままだと国庫に帰属してしまうことになる場合でも，定款や寄附行為を変更することで，法人の意向に沿った処分が可能になります。これから，定款や寄附行為を変更しようとすると，社団法人であれば，総会決議，主務官庁の認可が必要となりますし，財団法人であれば，寄附行為に定められた手続を採ることとなります。財団法人で，寄附行為の変更手続が定められていない場合で，上記①②ができない場合，国庫に帰属することとなります。

上記以外の方法での残余財産処分は認められていませんので，ご注意ください。

◆**参考条文**
[旧民法72条]
　解散した法人の財産は，定款又は寄附行為で指定した者に帰属する。
2　定款または寄附行為で権利の帰属すべき者を指定せず，又はその者を指定する方法を定めなかったときは，理事は，主務官庁の許可を得て，その法人の目的に類似する目的のために，その財産を処分することができる。ただし，社団法人にあっては，総会の決議を経なければならない。
3　前2項の規定により処分されない財産は，国庫に帰属する。

Q4 負債が多い場合は破産となるのか。

A

　特例民法法人は，負債が資産を上回る場合は，破産により，解散となります。この場合は，破産手続により，残務整理を進めることとなります。この場合は，破産法所定の手続を採ることとなります。

　なお，破産を回避するためには，新たに資産を増やす必要がありますが，将来的に，赤字経営とならないように，法人の収支を検討する必要があります。移行手続を経て，一般法人或いは公益法人となった場合も，負債が資産を上回る状態は解散事由です。

◆参考条文
[旧民法70条]
　法人がその債務につきその財産をもって完済することができなくなった場合には，裁判所は，理事若しくは債権者の申立てにより又は職権で，破産手続開始の決定をする。
2　前項に規定する場合には，理事は，直ちに破産手続開始の申立てをしなければならない。
[一般社団・財団法人法148条]
　一般社団法人は，次に掲げる事由によって解散する。

六　破産手続開始の決定
（第1号から第5号，第7号省略）
［同法202条］
　一般財団法人は，次に掲げる事由によって解散する。
　五　破産手続開始の決定
（第1項第1号から第4号，第6号，第2項以下省略）

Q5 特例民法法人が生き残るためには移行手続をとらなければならないか。

A

　特例民法社団法人は、一般社団法人或いは公益社団法人へ、特例民法財団法人は、一般財団法人或いは公益財団法人への移行をしなければ、その活動を継続することはできません。

　また、新たに、同種の法人を設立して、その活動を承継する方策をとることが可能な場合もあります。公益性の高い法人の場合には、同種法人の新設を検討する余地があります。いずれにしても、何もしなければ、前述の通り、解散となります。

　現在の特例民法法人の定款・寄附行為、財産状態等の現状を正確に把握し、その上で、いかなる手続を採るかを判断することとなります。この場合、専門家の判断を仰いだ方がよいことが多いです。

Q6 移行手続の準備はいつまでに始めなければならないか。

A

　極端な例としては，平成25年11月30日に申請がなされれば，移行できる可能性はあります。しかし，申請に必要な書類の準備は1日ではできません。たとえば，定款変更には，最低限総会手続が必要であり，場合によっては，主務官庁の認可が必要となります。総会は招集手続がありますし，また，定款変更決議後に主務官庁の認可が出るまでの期間があります。また，後述の各種必要書類の準備を考えますと，法人の規模にもよりますが，最低でも，6ヶ月の準備期間がほしいところです。

　もし，平成25年12月1日から，新法人としても活動をしたいのであれば，申請後認可或いは認定が出るまでの期間が必要ですので，平成25年8月31日までには申請を終えていたいところです。ここから，逆算すると，準備の開始は，平成25年3月1日ということとなります。

◆参考条文

[整備法88条]

　特例社団法人の定款の変更については，なお従前の例による。

[旧民法38条]

　定款は，総社員の4分の3以上の同意があるときに限り，変更することができる。ただし，定款に別段の定めがあるときは，この限りでない。
2　定款の変更は，主務官庁の認可を受けなければ，その効力を生じない。

[整備法94条]

　特例財団法人（評議員設置特例財団法人を除く。次項及び第3項において同じ。）については，一般社団・財団法人法第200条の規定は，適用しない。
2　その定款に定款の変更に関する定めがある特例財団法人は，当該定めに従い，定款の変更をすることができる。
3　その定款に定款の変更に関する定めがない特例財団法人は，理事（清算中の特例財団法人にあっては，清算人）の定めるところにより，定款の変更に関する定めを設ける定款の変更をすることができる。
4　評議員設置特例財団法人の定款の変更については，一般社団・財団法人法第200条第2項中「設立者が同項ただし書」とあるのは「同項ただし書」と，「旨を第152条第1項又は第2項の」とあるのは「旨を」と，「前項ただし書に」とあるのは「同項ただし書に」とする。
5　評議員設置特例財団法人については，一般社団・財団法人法第200条第3項の規定は，適用しない。
6　特例財団法人の定款の変更は，旧主務官庁の認可を受けなければ，その効力を生じない。

Q7 公益法人と一般法人とのどちらを選択するか。

A

この問題は、まず、現状の特例民法法人の分析をすることから始めます。法人の目的、法人の構成員、事業の内容等、現状の分析が必要です。本来は、旧民法上の法人は、すべて公益を目的とするものとなっていましたが、公益法人認定法の規定する公益法人と旧民法上の法人とは要件が異なっています。

検討の順番としては、公益法人認定法上の公益法人の要件が、どこまで、現状の法人に当てはまるか、という点から、始まります。その上で、要件がうまく当てはまらないとしたら、一般法人への移行を検討することとなります。

仮に、公益でも、一般でも、どちらの法人でも、うまく要件が当てはまるとすれば、その他の有利不利の条件を検討することとなります。

なお、一般法人に移行してから、改めて、公益法人に移行することも、法律上は可能です。

Q8 一般法人移行認可申請に必要な書類は何か。

A

移行認可に必要な申請書類は，以下の通りです。これらを一つ一つ埋めたものを提出することとなります。

◆申請書
別紙1　法人の基本情報
　　1．法人の基本情報
別紙2　公益目的財産額
　　1．算定日
　　2．公益目的財産額
　　　　(1)貸借対照表の純資産の部に計上すべき額
　　　　(2)時価評価資産の時価と帳簿価額との差額
　　　　(3)基金の額
　　　　(4)その他支出又は保全が義務付けられているものの額
　　3．時価評価資産の時価の算定根拠を明らかにする書類
別紙3　公益目的支出計画等
　　1．公益目的支出を記載した書類
　　　　(1)法人の名称
　　　　(2)主たる事務所の所在場所
　　　　(3)公益目的財産額

(4)実施事業の内容等
　　　(5)特定寄附の内容等
　　　(6)公益目的の支出の見込額等の算定について
　　　(7)公益目的支出計画の実施見込み
　２．公益目的支出計画実施期間中の収支の見込み
　３．その他認可基準に適合することを説明する書類
　　　(1)その他の主要な事業の内容等
　　　(2)費用配賦計算表
　　　(3)特別の利益供与を行わないこと等の誓約書
　　　(4)定款の変更の案についての説明書
別紙4　その他の添付書類

〈全法人〉
１．定款
２．定款の変更の案
３．定款の変更に関し，必要な手続きを経ていることを証する書類
４．登記事項証明書
５．算定日における財産目録並びに貸借対照表及び附属明細書
６．申請直前事業年度の損益計算書及び附属明細書
７．申請直前事業年度の事業報告及び附属明細書
８．事業計画書及び収支予算書

〈該当する法人のみ〉
９．許認可等を証する書類
10．最初の評議員の選任に関する旧主務官庁の認可書の写し
11．会員等の位置づけ会費に関する細則
12．事業・組織体系図

Q9 公益法人移行認定申請に必要な書類は何か。

A

移行認定に必要な申請書類は，以下の通りです。これらを一つ一つ埋めたものを提出することとなります。

◆申請書
別紙1　法人の基本情報及び組織について
　　1．基本情報
　　2．組織
別紙2　法人の事業について
　　1．事業の一覧
　　2．個別の事業の内容について
　　　(1)公益目的内容について
　　　(2)収益事業について
　　　(3)その他の事業（相互扶助等事業）について
別紙3　法人の財務に関する公益認定の基準に係る書類について
別表A　収支相償の計算
　　(1)収支相償の計算（収益事業等の利益額の50％を繰入れる場合）
　　(2)収支相償の計算（収益事業等の利益額の50％を超えて繰入れる場合）
別表B　公益目的事業比率の算定

(1)公益目的事業比率の算定総括表
　　(2)土地の使用に係る費用額の算定
　　(3)融資に係る費用額の算定
　　(4)無償の役務の提供等に係る費用額の算定
　　(5)公益目的事業比率算定に係る計算表
別表C　遊休財産額の保有制限の判定
　　(1)遊休財産額の保有制限の判定
　　(2)控除対象財産
　　(3)公益目的保有財産配賦計算表
　　(4)資産取得資金
　　(5)特定費用準備資金
別表D　他の団体の意思決定に関与することができる財産保有の有無
別表E　公益目的事業を行うのに必要な経理的基礎
別表F　各事業に関連する費用額の配賦計算表
　　(1)各事業に関連する費用額の配賦計算表（役員等の報酬・給料手当）
　　(2)各事業に関連する費用額の配賦計算表（役員等の報酬・給料手当以外）
別表G　収支予算の事業別区分経理の内訳表
別紙4　その他添付書類について

〈全法人〉
1．定款
2．定款の変更の案
3．定款の変更に関し必要な手続を経ていることを証する書類
4．登記事項証明書

5．役員等就任予定者の名簿
6．理事，監事及び評議員に対する報酬等の支給の基準を記載した書類
7．確認書
8．許認可等を証する書類（※許認可を必要とする場合のみ）
9．滞納処分に係る国税及び地方税の納税証明書
10．前事業年度の事業報告及びその附属明細書
11．事業計画書
12．収支予算書
13．前事業年度末日の財産目録
14．前事業年度末の貸借対照表及びその附属明細書
15．事業計画書及び収支予算書に記載された予算の基礎となる事実を明らかにする書類
16．事業・組織体系図

〈該当する法人のみ〉
17．最初の評議員の選任に関する旧主務官庁の許可書の写し
18．社員の資格の得喪に関する細則
19．会員等の位置づけ及び会費に関する細則
20．寄付の使途の特定の内容がわかる書類（公益目的事業以外に使途を特定した寄付がある場合のみ）
21．定款の変更の案についての説明書（留意事項と異なる定款の定めをしている場合のみ）

◆参考条文
［整備法103条］
　第44条の認定の申請は，内閣府令で定めるところにより，公益法人認

定法第7条第1項各号に掲げる事項を記載した申請書を，行政庁に提出してしなければならない。
2 前項の申請書には，次に掲げる書類を添付しなければならない。
　一　公益法人認定法第7条第2項第1号から第5号までに掲げる書類
　二　定款の変更の案（認定申請法人において定款の変更について必要な手続を経ているものに限る。）
　三　前2号に掲げるもののほか，内閣府令で定める書類

第 2 章

一般法人への移行手続

　この章では，特例民法法人を一般社団・財団法人に移行する場合に，主に問題となる点を説明します。
　なお，個々の法人は，それぞれ，特色があるため，一般論がすべて妥当することはありませんので，わからないことがあれば，早めに相談した方がいいでしょう。

Q1 特例民法法人が一般法人の移行認可を受ける場合，名称はどうしなければならないか。

A

一般社団法人または一般財団法人は，それぞれその名称中に「一般社団法人」または「一般財団法人」という文字を使用しなければなりません。

ただし，特例民法法人については，①一般法人への移行認可（あるいは，公益法人への移行認定）を受け，②移行登記（旧法人の解散登記および新法人の設立登記）をするまでのあいだは，従前の名称を継続して使用することができます。

したがって，特例民法法人から一般法人への移行認可を受ける場合には，そのタイミングで法人の名称を変えることになります（「社団法人○○」「財団法人○○」→「一般社団法人○○」「一般財団法人○○」等）。

◆参考条文
[一般社団・財団法人法5条]
　一般社団法人又は一般財団法人は，その種類に従い，その名称中に一般社団法人又は一般財団法人という文字を用いなければならない。
　（第2項以下省略）
[整備法42条]

第40条第1項又は前条第1項の規定により存続する一般社団法人又は一般財団法人であって第106条第1項（第121条第1項において読み替えて準用する場合を含む。）の登記をしていないもの（以下それぞれ「特例社団法人」又は「特例財団法人」という。）については，一般社団・財団法人法第5条第1項の規定は，適用しない。

　（第2項以下省略）

Q2 特例民法法人が現在保有している資産は、どうなるのか。

A

　整備法は、移行認可を受けようとする特例民法法人が、本来公益目的事業のために使用することを前提としていたと考えられる財産に相当するものとして、一定の基準で算定した額を「公益目的財産額」と定めており、公益目的財産額については、一般法人への移行後、公益目的支出計画に従った支出が求められます。

　特例民法法人の資産すべてが公益目的財産額となるわけではありませんが、特例民法法人からの移行時における純資産額は、原則として公益目的財産額となります。本来、特例民法法人が公益目的のために設立された経緯からして、その財産が公益目的のために存在していることからすれば当然といえます。

　なお、公益目的財産額の算定にあたっては、①時価評価資産（土地・有価証券等）については時価評価が必要であること、②基金・引当金等、純資産額から控除できる金額があること、③移行登記の日の前日が算定日となること（移行登記をした法人は、同登記の日から３か月以内に、公益目的財産額等の確定の手続を行う必要があること）等に注意が必要です。

◆参考条文

[整備法119条]

　第45条の認可を受けようとする特例民法法人は，当該認可を受けたときに解散するものとした場合において旧民法第72条の規定によれば当該特例民法法人の目的に類似する目的のために処分し，又は国庫に帰属すべきものとされる残余財産の額に相当するものとして当該特例民法法人の貸借対照表上の純資産額を基礎として内閣府令で定めるところにより算定した額が内閣府令で定める額を超える場合には，内閣府令で定めるところにより，当該算定した額（以下この款において「公益目的財産額」という。）に相当する金額を公益の目的のために支出することにより零とするための計画（以下この款において「公益目的支出計画」という。）を作成しなければならない。

　（第2項以下省略）

Q3 公益目的財産額の算定にあたって、財産の評価方法についてはどのような点に注意すればよいか。

A

時価評価資産（土地・有価証券等）については、時価で評価する必要がありますが、その結果、取得価額と大きく異なる金額となることもあり得ます。たとえば、設立時に購入した土地等は、時価と取得価額とのあいだで大きな金額の開きが生じる可能性が高いので、注意が必要です。資産価値が上がっている場合は、後述の公益目的支出計画を立案するに当たり、実施期間等に違いが出てきますし、逆に、資産価値が下がっている場合は、極端な場合、破産手続への移行も問題となります。

なお、一般法人への移行後も継続して使用される財産や、時価評価が困難な財産等については、帳簿価格等による評価が可能な場合もあります。

財産評価に関しては、専門家に相談する方がよいと思われます。

◆参考条文
[整備法施行規則14条]
整備法第119条第1項に規定する公益目的財産額は、第2条第1項ただし書の事業年度（事業年度に関する規定を定める他の法律の規定により移

行の登記をした日の属する事業年度の開始の日から移行の登記をした日までの期間が当該法人の事業年度とみなされる場合にあっては，当該期間）の末日（以下「算定日」という。）における貸借対照表の純資産の部に計上すべき額に第1号に掲げる額を加算し，第2号，第3号及び第4号に掲げる額を減算して得た額とする。

　一　特例民法法人が算定日において次に掲げる資産（以下「時価評価資産」という。）を有する場合の当該時価評価資産の算定日における時価が算定日における帳簿価額を超える場合のその超える部分の額
　　イ　土地又は土地の上に存する権利
　　ロ　有価証券
　　ハ　書画，骨とう，生物その他の資産のうち算定日における帳簿価額と時価との差額が著しく多額である資産
　二　特例民法法人が算定日において時価評価資産を有する場合の当該時価評価資産の算定日における帳簿価額が算定日における時価を超える場合のその超える部分の額
　三　基金の額
　四　前号に掲げるもののほか，貸借対照表の純資産の部に計上すべきもののうち支出又は保全が義務付けられていると認められるものの額

2　前項の規定により貸借対照表の純資産の部に加算され，又は減算された時価評価資産については，この章の規定の適用に当たっては，当該時価評価資産の帳簿価額は，当該加算された額が増額され，又は当該減算された額が減額されたものとみなす。

Q4 特例民法法人から一般法人に移行するにあたって、移行前の定款に記載されている法人の目的・事業等をそのまま使うことができるか。

A

　一般法人がなしうる事業には制限がないため、事業を総体としてみた場合、旧法人から移行できない目的・事業等は、原則として存在しないと思われます。

　ただし、移行にあたっては、移行前の特例民法法人の行っている目的・事業等を一つ一つ精査・検討の上、

① 公益目的支出計画の対象となる実施事業等（公益目的事業・継続事業・特定寄付）と、

② その他の事業等（収益事業・共益的事業・それ以外の事業等）

に切り分ける作業が必要になります。

　なお、公益目的事業・継続事業については、定款（特例財団法人は寄附行為）上の根拠が必要ですので、定款・寄附行為における目的・事業の記載は、これら事業との対応関係が判る程度には、明確かつ具体的に記載しておく必要があります。

Q5 特例民法法人から一般法人への移行の際に，法人の目的・事業等を新たに追加することができるか。

A

　一般法人への移行の際に法人の目的・事業等を新たに追加することは，原則として可能です（ただし，従前の目的・事業とかけ離れた目的・事業等を追加する場合（特に，従前と主務官庁を異にする目的・事業等を追加する場合）等，事実上，必ずしも容易でない場合もあります。）。

　目的・事業等の追加には，定款・寄附行為の変更が必要になりますので，①総会決議等の定款・寄附行為変更の手続を経た上で，②主務官庁の認可を受ける必要があります（なお，整備法102条所定の場合は，上記②の主務官庁の認可は不要ですが，実務上は，この場合にも主務官庁に報告しておく例が多いです。）。

　なお，寄附行為に関しては，旧民法上，変更の手続はなく，変更手続が特に定められていない場合には，極めて限られた内容（たとえば事務所所在地等）しか変更できない点にご注意ください。

◆参考条文
[整備法102条]
　第44条の認定を受けようとする特例民法法人が第106条第1項の登記

をすることを停止条件としてしたその種類に従いその名称中に公益社団法人又は公益財団法人という文字を用いることとする定款の変更及び第百条各号に掲げる基準に適合するものとするために必要な定款の変更については，旧主務官庁の認可を要しない。

[同法118条]

　第102条の規定は，第45条の認可を受けようとする特例民法法人の定款の変更について準用する。この場合において，第102条中「第106条第1項」とあるのは「第121条第1項において読み替えて準用する第106条第1項」と，「公益社団法人又は公益財団法人」とあるのは「一般社団法人又は一般財団法人」と，「第100条各号」とあるのは「第117条各号」と読み替えるものとする。

Q6 一般法人の目的・事業等としてはどのようなものがあるか。

A
　一般法人がなしうる事業等には，特に制限がありません。
　特例民法法人から移行する一般法人の事業等については，公益目的支出計画の対象になるか否かという観点から，
　○実施事業等（＝公益目的支出計画の対象になる）
　　　公益目的事業・継続事業・特定寄付
　○その他の事業等（＝公益目的支出計画の対象にならない）
　　　収益事業，共益的事業（会員相互の親睦等を目的とする事業等），それ以外の事業等を含む。
に分けることが必要であり，上記「公益目的事業」に該当するためには，①学術，技芸，慈善その他の公益に関する公益認定法別表各号に関する種類の事業であって，②不特定かつ多数の者の利益の増進に寄与するものであることが必要とされています（なお，公益目的事業該当性を判断するに際しては，内閣府公益認定等委員会の公開している公益認定等ガイドラインの「公益目的事業のチェックポイントについて」も参照して下さい。）。また，上記「継続事業」とは，法人が，旧主務官庁の監督下において行っていた不特定かつ多数の者の利益の増進に寄与する目的の事業であって，移行認

可後も継続して行う事業であり，上記「特定寄付」とは，公益法人認定法5条17号に規定する者に対する寄付です。

なお，法人税法上の収益事業であるか否かは，上記の分類とは全く無関係であり，法人税法上の収益事業であっても，公益目的事業として認定されることもあり得ます。

◆参考条文
[整備法119条]
(第1項省略)
2　公益目的支出計画においては，次に掲げる事項を定めなければならない。
　一　公益の目的のための次に掲げる支出
　　イ　公益目的事業のための支出
　　ロ　公益法人認定法第5条第17号に規定する者に対する寄附
　　ハ　第45条の認可を受けた後も継続して行う不特定かつ多数の者の利益の増進に寄与する目的に関する事業のための支出（イに掲げるものを除く。）その他の内閣府令で定める支出
　二　公益目的財産額に相当する金額から前号の支出の額（当該支出をした事業に係る収入があるときは，内閣府令で定めるところにより，これを控除した額に限る。）を控除して得た額（以下この款において「公益目的財産残額」という。）が零となるまでの各事業年度ごとの同号の支出に関する計画
　三　前号に掲げるもののほか，第1号の支出を確保するために必要な事項として内閣府令で定める事項

Q7 特例民法法人から一般法人に移行するにあたって、実施事業等の内容を記載する際には、どのような点に注意したらよいか。

A

　定款記載の事業又は目的との対応関係が明らかになるように、対応する定款部分を引用した上で、当該実施事業等の概要を記載します。

　事業等の概要の記載では、その事業等が公益に資することをいかに具体的に、説得的に説明できるかがポイントとなります（たとえば、公益目的事業の場合には、①公益認定法別表各号に関する種類の事業であって、②不特定かつ多数の者の利益の増進に寄与するものであることを説明した上で、③「公益目的事業のチェックポイントについて」上の事業区分に応じてチェックポイントに該当する旨の説明を行うことになります。)。

　類似関連する複数の事業については、理由を記載した上で適宜まとめることも可能ですが、収益事業等は明確にこれと区分する必要があります。

Q8 特定寄付の相手方に制限はあるか。

A

特定寄付の相手方は、国・地方公共団体以外では、類似の事業を目的とする他の公益法人等(公益法人のほか、学校法人・社会福祉法人・更生保護法人・独立行政法人・国立大学法人・大学共同利用機関法人・地方独立行政法人特殊法人等も含まれます。)に限られます。

「公益法人であればどこでもいい」というわけではありません。

◆参考条文
[公益法人認定法5条]
　行政庁は、前条の認定(以下「公益認定」という。)の申請をした一般社団法人又は一般財団法人が次に掲げる基準に適合すると認めるときは、当該法人について公益認定をするものとする。
(第1号から第16号、第18号省略)
十七　第29条第1項若しくは第2項の規定による公益認定の取消しの処分を受けた場合又は合併により法人が消滅する場合(その権利義務を承継する法人が公益法人であるときを除く。)において、公益目的取得財産残額(第30条第2項に規定する公益目的取得財産残額をいう。)があるときは、これに相当する額の財産を当該公益認定の取消しの日

又は当該合併の日から1箇月以内に類似の事業を目的とする他の公益法人若しくは次に掲げる法人又は国若しくは地方公共団体に贈与する旨を定款で定めているものであること。

イ　私立学校法（昭和24年法律第270号）第3条に規定する学校法人

ロ　社会福祉法（昭和26年法律第45号）第22条に規定する社会福祉法人

ハ　更生保護事業法（平成7年法律第86号）第2条第6項に規定する更生保護法人

ニ　独立行政法人通則法（平成11年法律第103号）第2条第1項に規定する独立行政法人

ホ　国立大学法人法（平成15年法律第112号）第2条第1項に規定する国立大学法人又は同条第3項に規定する大学共同利用機関法人

ヘ　地方独立行政法人法（平成15年法律第118号）第2条第1項に規定する地方独立行政法人

ト　その他イからヘまでに掲げる法人に準ずるものとして政令で定める法人

Q9 公益目的支出計画の立案にあたって，どのような点に気を付ければよいか。

A

まずは，特例民法法人の時点での資産状態，収入・支出の現状（事業ごとの収入・支出の金額等）をきちんと把握・分析することが最も重要です。

その現状の把握・認識を前提として，支出（公益目的支出）の計画を考えていくことになります。

全体の流れとしては，公益目的財産の確定，各事業の確定，各事業毎に収入と支出の配賦となりますが，この部分が最も大変な作業となります。従前から，個々の目的・事業毎に個別に会計処理をしていれば，問題はないですが，全体として，一つの会計で行っていた場合，収入と支出とをいかに分けるか等，いろいろと検討事項が出てきます。申請書添付の別表の空欄を埋めていけばいいなどということはありません。

しかも，個々の法人によって，色々なパターンが考えられるため，一律に処理することもできません。現状の把握分析から立案の過程は専門家に相談することをおすすめします。

Q10 特例民法法人に赤字事業がない場合，公益目的支出計画の作成はどのようにすればよいか。

A

　まずは，特例民法法人において現在行っている公益事業の規模（支出等の規模）の拡大を検討するのが最も自然だと思われます。

　それが容易でない場合等は，新たに公益目的事業や特定寄付を追加することも考えられるところです。ただし，この点は，前述の定款変更を伴う場合がありますので，ご注意ください。

　なお，一般法人における公益目的支出計画の場合，ボランティア活動に伴う若干の実費負担は公益目的支出とされますが，ボランティア活動そのものを公益目的支出とすることはできません。公益法人における公益目的事業比率の計算におけるボランティアの取扱とは異なりますので注意が必要です。

Q11 公益目的支出計画の実施期間に制限はあるか。

A

　一般社団・財団法人へ移行するためには、公益目的財産額を零円とする公益目的支出計画を策定する必要がありますが、公益目的支出計画の実施期間に制限はありません。実例として、20年を超えるものも認められています。

　ただし、法人の財政状況等から考えて、設定された実施期間が不相応に長期であると考えられる場合（たとえば、特段の事情もないのに、法人が現在実施している公益に関する事業の規模（額）と比較して、公益目的支出計画における実施事業の規模（額）が極めて低い場合等）には、期間の変更が求められることもあります。

◆参考条文
[整備法施行規則25条]
　公益目的支出計画においては、次に掲げる事項を定めなければならない。この場合において、第3号から第9号までに掲げる事項にあっては、特例民法法人が整備法第45条の認可の申請をする日の属する事業年度の開始の日に移行の登記をしたものと仮定したときにおける当該事業年度から公益目的財産残額が零となると見込まれる事業年度までの各事業年度におけるこれらの事項を記載しなければならない。

(第1号から第9号,第11号から13号省略)
　十　公益目的財産残額が零となると見込まれる事業年度の末日

Q12 その他事業と公益目的財産額について注意する点は何か。

A

　一般社団・財団法人へ移行するためには公益目的財産額を零円とする公益目的支出計画を策定する必要があります。この点，公益目的財産額が少なければ，公益目的支出計画の策定が容易になる場合もあるでしょう。

　公益目的財産の確定のために，申請前の決算において，その他の事業にかかる理事報酬を増加させる等の方法をもって負債を増やし，公益目的財産を減少させることは，公益目的支出計画を要求した趣旨に反し，問題があるので注意が必要です。

Q13 特別の利益供与と理事の報酬の関係はどうすればよいか。

A
　申請書の別表E3において，法人は実施事業等を行うに当たり特別の利益供与を行わないことを誓約する必要があります。公益法人の財産は，不特定かつ多数の利益の増進に寄与することを目的として公益目的に用いられるべきものであり，特定の者，団体のために使用されることは相当ではありません。そのため，法は特別の利益供与を禁止しています。

　報酬が当該法人の事業内容や実施方法等具体的事情に即し，社会通念に照らし不相当に高額なものであれば問題が生じる可能性があることに留意すべきでしょう。

◆参考条文
[公益法人認定法5条]
　行政庁は，前条の認定（以下「公益認定」という。）の申請をした一般社団法人又は一般財団法人が次に掲げる基準に適合すると認めるときは，当該法人について公益認定をするものとする。
（第1号，第2号，第5号以下省略）
　三　その事業を行うに当たり，社員，評議員，理事，監事，使用人その他の政令で定める当該法人の関係者に対し特別の利益を与えないもの

であること。

四　その事業を行うに当たり，株式会社その他の営利事業を営む者又は特定の個人若しくは団体の利益を図る活動を行うものとして政令で定める者に対し，寄附その他の特別の利益を与える行為を行わないものであること。ただし，公益法人に対し，当該公益法人が行う公益目的事業のために寄附その他の特別の利益を与える行為を行う場合は，この限りでない。

Q14 モデル定款を参考に定款の変更案を作成する際に注意する点は何か。

A

　内閣府は，HPにおいて「移行認定のための「定款の変更の案」作成の案内」として，いわゆるモデル定款を提供しています。とはいえ，モデル定款を参考とすれば容易に自らの法人の定款を作成できるものではなく，自らの法人の目的，事業内容，規模等を検討し，旧定款・寄附行為と比較して，自らの法人に則した定款を作成する必要があります。この場合，目的，機関が主な変更点といえますが，附則の部分に関しても，注意を払う必要があります。

　このように自らの法人に適した内容の定款の作成が必要とされる一方で，モデル定款の形式には忠実性を要求される場合があるので注意が必要です。例えば，実質的は同じ意味として用いた文言（送り仮名等を含め）を形式が異なることを理由として，申請先の行政庁から訂正を求められることがあります。

　なお，旧民法上の財団法人の寄附行為は，一般社団・財団法人法下では，「定款」と名称が変更されました。

Q15 定款変更の注意点は何か。

A

　特例民法法人が一般社団・財団法人に移行するためには整備法の規定する認可基準を満たす必要があります。認可基準の一つとして定款の変更案の内容が一般社団・財団法人法及びこれに基づく命令の規定に適合するものであることが挙げられています。

　主務官庁制，許可制を廃止し，各々の法人にガバナンスを任せる制度とした背景から，一般社団・財団法人法では一般社団・財団法人に対して，新たな機関設置及び機関の権限増幅等を要求しています。したがって，このような法人法に適合するための定款を作成する必要があります。

◆参考条文
[整備法117条]
　行政庁は，第45条の認可の申請をした特例民法法人（以下この款において「認可申請法人」という。）が次に掲げる基準に適合すると認めるときは，当該認可申請法人について同条の認可をするものとする。
　一　第120条第2項第2号の定款の変更の案の内容が一般社団・財団法人法及びこれに基づく命令の規定に適合するものであること。
（第2号省略）

［整備法 120 条］
　第 45 条の認可の申請は，内閣府令で定めるところにより，次に掲げる事項を記載した申請書を行政庁に提出してしなければならない。
　一　名称及び代表者の氏名
　二　主たる事務所及び従たる事務所の所在場所
2　前項の申請書には，次に掲げる書類を添付しなければならない。
　一　定款
　二　定款の変更の案（認可申請法人において定款の変更について必要な手続を経ているものに限る。）
　三　公益目的財産額及びその計算を記載した内閣府令で定める書類
　四　財産目録，貸借対照表その他の認可申請法人の財務内容を示す書類として内閣府令で定めるもの
　五　前条第 1 項の規定により公益目的支出計画を作成しなければならない認可申請法人にあっては，公益目的支出計画を記載した書類
　六　前各号に掲げるもののほか，内閣府令で定める書類
（第 3 項以下省略）

Q16 一般社団法人の機関はどう変わるか。

A

　前問で説明したとおり，法人自身にガバナンスを委ねる観点から，一般社団・財団法人法は，一般社団法人に，新たな必置機関を要求しています。具体的には，理事会設置法人は代表理事，理事会設置法人及び会計監査設置法人は監事，大規模法人（貸借対照表負債の合計額が200億円以上の法人）は会計監査人です。

　また，旧定款において任意に理事会，会計監査人（以下，「理事会等」といいます。）を定めていた場合，その理事会等は一般社団・財団法人法上の理事会等としての効力はありません。そのため，一般社団法人が理事会等の設置に関し，新たな定款を作成するには，まず旧定款の理事会等に関する規定を削除する必要があることに注意を要します。

　このように定款変更の社員総会開催に加え，代表理事を登記するには，理事会議事録が必要となる等，事務手続も増加するので，移行手続には十分な準備期間を設けましょう。

◆参考条文
［整備法80条］

(第1項及び第2項，第4項以下省略)
3　旧社団法人の定款における理事会又は会計監査人を置く旨の定めは，それぞれ一般社団・財団法人法に規定する理事会又は会計監査人を置く旨の定めとしての効力を有しない。
[一般社団・財団法人法90条]
(第1項，第3項以下省略)
2　理事会は，次に掲げる職務を行う。
　一　理事会設置一般社団法人の業務執行の決定
　二　理事の職務の執行の監督
　三　代表理事の選定及び解職
[同法61条]
　理事会設置一般社団法人及び会計監査人設置一般社団法人は，監事を置かなければならない。

Q17 一般社団法人の社員総会の決議事項は増えたか。

A

　旧民法において社員総会の決議が必要とされていた事項は，定款変更，解散決議等に限られていました。しかし，一般社団・財団法人法においては社員総会における法令上の決議事項が大幅に増加しました。例えば，社員の除名，役員の選任・解任，役員等の責任の一部免除，計算書類の承認，事業の全部譲渡，合併の承認等です。

◆参考条文
[一般社団・財団法人法30条]
　社員の除名は，正当な事由があるときに限り，社員総会の決議によってすることができる。(以下，省略)
[同法35条]
　社員総会は，この法律に規定する事項及び一般社団法人の組織，運営，管理その他一般社団法人に関する一切の事項について決議をすることができる。(第2項以下省略)
[同法63条]
　役員（理事及び監事をいう。以下この款において同じ。）及び会計監査人は，社員総会の決議によって選任する。(第2項省略)

［同法70条］
　役員及び会計監査人は，いつでも，社員総会の決議によって解任することができる。(第2項省略)

［同法113条］
　前条の規定にかかわらず，役員等の第111条第1項の責任は，当該役員等が職務を行うにつき善意でかつ重大な過失がないときは，第1号に掲げる額から第2号に掲げる額（第115条第1項において「最低責任限度額」という。）を控除して得た額を限度として，社員総会の決議によって免除することができる。(以下，省略)

［同法126条］
(第1項及び第3項省略)
2　前項の規定により提出され，又は提供された計算書類は，定時社員総会の承認を受けなければならない。

［同法147条］
　一般社団法人が事業の全部の譲渡をするには，社員総会の決議によらなければならない。

［同法247条］
　吸収合併消滅法人は，効力発生日の前日までに，社員総会又は評議員会の決議によって，吸収合併契約の承認を受けなければならない。

［同法251条］
　吸収合併存続法人は，効力発生日の前日までに，社員総会又は評議員会の決議によって，吸収合併契約の承認を受けなければならない。(第2項省略)

［同法257条］
　新設合併消滅法人は，社員総会又は評議員会の決議によって，新設合併契約の承認を受けなければならない。

Q18 一般財団法人の機関は大幅に変わるか。

A
　一般財団法人の機関は，法人にガバナンスを担わせるという一般社団・財団法人法の理念に基づき，新たな必置機関が大幅に増加しました。具体的には，評議員，評議員会，理事会，監事のほか，大規模法人（BS負債の合計額が200億円以上の法人）では会計監査人の必置が要請されます。したがって，機関及びその権限に応じた定款を作成する必要があります。

◆参考条文
[一般社団・財団法人法170条]
　一般財団法人は，評議員，評議員会，理事，理事会及び監事を置かなければならない。
2　一般財団法人は，定款の定めによって，会計監査人を置くことができる。
[同法171条]
　大規模一般財団法人は，会計監査人を置かなければならない。

Q19 一般財団法人の評議員の権限にはどのようなものがあるか。

A

理事の監督機関である評議員会を構成する評議員は重要な権限を有しています。具体的には、役員の選任・解任、計算書類の承認、定款変更、合併の承認等です。もっとも、一般財団法人の性質上、法人の評議員の権限は社員総会と異なり、法律で定めた事項及び定款で定めた事項に限られます。

◆参考条文
[一般社団・財団法人法177条]
　前章第3節第3款（第64条，第67条第3項及び第70条を除く。）の規定は，一般財団法人の理事，監事及び会計監査人の選任及び解任について準用する。この場合において，これらの規定（第66条ただし書を除く。）中「社員総会」とあるのは「評議員会」と，第66条ただし書中「定款又は社員総会の決議によって」とあるのは「定款によって」と，第68条第3項第1号中「第123条第2項」とあるのは「第199条において準用する第123条第2項」と，第74条第3項中「第38条第1項第1号」とあるのは「第181条第1項第1号」と読み替えるものとする。
[同法199条]
　前章第4節（第121条第1項後段及び第2項並びに第126条第1項第1

号，第2号及び第4号を除く。）の規定は，一般財団法人の計算について準用する。この場合において，これらの規定中「社員総会」とあるのは「評議員会」と，第121条第1項中「総社員の議決権の10分の1（これを下回る割合を定款で定めた場合にあっては，その割合）以上の議決権を有する社員」とあり，及び第129条第3項中「社員」とあるのは「評議員」と，第125条中「社員に」とあるのは「評議員に」と，第129条第1項及び第2項中「第58条第1項」とあるのは「第194条第1項」と，同条第3項ただし書中「第2号」とあるのは「債権者が第2号」と読み替えるものとする。

[同法200条]

　一般財団法人は，その成立後，評議員会の決議によって，定款を変更することができる。ただし，第153条第1項第1号及び第8号に掲げる事項に係る定款の定めについては，この限りでない。

2　前項ただし書の規定にかかわらず，設立者が同項ただし書に規定する定款の定めを評議員会の決議によって変更することができる旨を第152条第1項又は第2項の定款で定めたときは，評議員会の決議によって，前項ただし書に規定する定款の定めを変更することができる。

3　一般財団法人は，その設立の当時予見することのできなかった特別の事情により，第1項ただし書に規定する定款の定めを変更しなければその運営の継続が不可能又は著しく困難となるに至ったときは，裁判所の許可を得て，評議員会の決議によって，同項ただし書に規定する定款の定めを変更することができる。

Q20 一般財団法人の最初の評議員はどうやって選任するか。

A

評議員会は理事の監督機関であるため、監督機関の構成員である評議員を理事または理事会が選任することはできません。それでは、最初の評議員はどのような方法で選任されるのでしょうか。この点、最初の評議員に限っては、旧主務官庁の認可を得た選任方法に従い、現在の理事が定めることとなります。

もっとも、既に寄付行為にて評議員を任意に設置していた財団は、その評議員によって一般社団・財団法人法上の評議員を選任する方法をとることが、同法の理念から相応しいでしょう。

◆参考条文
[整備法92条]
　特例財団法人が最初の評議員を選任するには、旧主務官庁の認可を受けて理事が定めるところによる。

第3章

公益法人への移行手続

　この章では，特例民法法人を公益社団・財団法人に移行する場合に，主に問題となる点を説明します。
　公益法人認定法は，一般社団・財団法人法により設立された一般社団・財団法人が公益認定を受けて，公益社団・財団法人となる仕組みとなっているため，整備法においても，特例民法法人が，一般社団・財団法人としての内容を備えたものに対し，その公益性を認定するという仕組みとなっています。従いまして，定款や機関等は，まず，一般社団・財団法人法が規定する内容を備えることとなります。
　なお，個々の法人は，それぞれ，特色があるため，一般論がすべて妥当することはありませんので，わからないことがあれば，早めに相談した方がいいでしょう。

Q1 公益法人への移行認定を受ける場合，名称はどうしなければならないか。

A

公益社団法人または公益財団法人は，その名称中に，「公益社団法人」または「公益財団法人」という文字を使用しなければなりませんが，特例民法法人は，現状のままでは，名称中にそれらの文字を使用できません。

この点，特例民法法人は，新たな公益法人の認定を受けるまでは，現在使っている「社団法人○○」または「財団法人○○」の名称を使用することができます。

よって，通常はそれらの名称をそのまま使用し，公益認定を受けた後に，「公益社団法人○○」または「公益財団法人○○」という名称を使用することになります。

◆参考条文
[公益法人認定法9条]
(第1項，第2項，第4項以下省略)
3　公益社団法人又は公益財団法人は，その種類に従い，その名称中に公益社団法人又は公益財団法人という文字を用いなければならない。
[整備法42条]
　第40条第1項又は前条第1項の規定により存続する一般社団法人又は

一般財団法人であって第106条第1項（第121条第1項において読み替えて準用する場合を含む。）の登記をしていないもの（以下それぞれ「特例社団法人」又は「特例財団法人」という。）については，一般社団・財団法人法第5条第1項の規定は，適用しない。
（第2項，第5項以下省略）
3　特例社団法人は，その名称中に，一般社団法人又は公益社団法人若しくは公益財団法人という文字を用いてはならない。
4　特例財団法人は，その名称中に，一般財団法人又は公益財団法人若しくは公益社団法人という文字を用いてはならない。

Q2 公益認定の申請書の「4　公益目的事業の種類及び内容」及び「5　収益事業等の内容」欄には，何を記載しなければならないか。

A

　申請書には，申請する法人の概要を記載する欄がありますが，そのうち，「4　公益目的事業の種類及び内容」及び「5　収益事業等の内容」欄には，将来公益認定がなされ，公益法人になった後に，行う予定である公益目的事業の種類及び内容，及び収益事業等の内容を記載することになります。

　まずは，現状の分析が必要ですが，それを踏まえて，法人の事業を公益目的事業，または収益事業等に分類した結果を踏まえ，記載することになります。具体的内容は，申請書の別紙2に個別具体的に記載したもののまとめですが，分量が多くなってしまうことが予想されるため，申請書では，便宜上，各欄とも「別紙2のとおり」とのみ記載することが認められています。

◆参考条文
［整備法103条］
　第44条の認定の申請は，内閣府令で定めるところにより，公益法人認定法第7条第1項各号に掲げる事項を記載した申請書を，行政庁に提出してしなければならない。
　2　前項の申請書には，次に掲げる書類を添付しなければならない。

一 公益法人認定法第7条第2項第1号から第5号までに掲げる書類
二 定款の変更の案(認定申請法人において定款の変更について必要な手続を経ているものに限る。)
三 前2号に掲げるもののほか,内閣府令で定める書類

[公益法人認定法7条]
　公益認定の申請は,内閣府令で定めるところにより,次に掲げる事項を記載した申請書を行政庁に提出してしなければならない。
(第1号,第2号省略)
三 その行う公益目的事業の種類及び内容
四 その行う収益事業等の内容
(第2項省略)

[公益法人認定法施行規則5条]
　法第7条第1項の規定により公益認定の申請をしようとする一般社団法人又は一般財団法人は,様式第1号により作成した申請書を行政庁に提出しなければならない。
(第2項以下省略)

Q3

公益認定の申請書別紙1の「2　組織　(1)社員について」欄の記載で気をつけることは何か。

A

　申請書別紙1の「法人の基本情報及び組織について」の「2　組織」では，社員，評議員，理事等についての概要を記載することになりますが，この欄には，認定を受けた後の法人の組織に関する記載をすることになりますので，「(1)社員について」の欄の「社員の数」については，申請事業年度の末日時点での見込みの社員数を記載します。

　また，「社員の資格の得喪」については，定款の中の該当条項を記載することになりますが，社員の資格の得喪に関して，合理的な関連性，必要性がないような差別的な取扱いをするような条件を設けている場合には，社員で構成する社員総会の意思決定が歪められ，公益法人本来の目的に反した業務運営が行われるおそれがあります。

　そこで，定款において理事会承認を入社の要件とした場合に，規程等でその基準に関する明文の規程がない場合には，この欄に「法人の目的に照らして，当該条項が合理的な関連性，必要性があることについて」記載をしなければなりませんが，この記載はかなり具体的に行うことが必要とされますので，注意が必要です。

◆参考条文
[公益法人認定法5条]
　行政庁は，前条の認定（以下「公益認定」という。）の申請をした一般社団法人又は一般財団法人が次に掲げる基準に適合すると認めるときは，当該法人について公益認定をするものとする。
十四　一般社団法人にあっては，次のいずれにも該当するものであること。
　　イ　社員の資格の得喪に関して，当該法人の目的に照らし，不当に差別的な取扱いをする条件その他の不当な条件を付していないものであること。
（第1号から第13号，第14号ロ，ハ，第15号以下省略）

Q4 新しい公益法人に必要な機関は何か。

A

　新制度における一般社団法人では、社員総会、理事が、また、一般財団法人では、評議員、評議員会、理事、理事会、監事の設置が義務づけられました。

　一般社団法人が公益認定を受けるためには、これに加え、理事会を置くことが義務づけられ、その結果として、監事を置くことも義務づけられています。

　また、一般社団法人及び一般財団法人の双方とも、会計監査人を置くことが必要とされています。

　ただし、政令で定める一定の基準に達していない場合には、その限りではないとされており、政令では、損益計算書の収益の部に計上した額の合計額が1000億円に達しない場合等には、会計監査人を置く必要がないと定めています。

　なお、従来の公益法人において選任された理事は、特例民法法人において、一般社団・財団法人法の規定によって選任されたものと見なされます。

　ただし、選任及び解任、資格ならびに任期については従前の例によるものとされます。

◆参考条文

[公益法人認定法5条]

　行政庁は，前条の認定（以下「公益認定」という。）の申請をした一般社団法人又は一般財団法人が次に掲げる基準に適合すると認めるときは，当該法人について公益認定をするものとする。

十二　会計監査人を置いているものであること。ただし，毎事業年度における当該法人の収益の額，費用及び損失の額その他の政令で定める勘定の額がいずれも政令で定める基準に達しない場合は，この限りでない。

十四　一般社団法人にあっては，次のいずれにも該当するものであること。
　　　ハ　理事会を置いているものであること。

（第1号から第11号，第13号，第14号イ，ロ，第15号から第18号省略）

[公益法人認定法施行令6条]

　法第5条第12号ただし書の政令で定める勘定の額は次の各号に掲げるものとし，同条第12号ただし書の政令で定める基準は当該各号に掲げる勘定の額に応じ当該各号に定める額とする。

　一　一般社団法人にあっては一般社団・財団法人法第2条第2号に規定する最終事業年度，一般財団法人にあっては同条第3号に規定する最終事業年度に係る損益計算書の収益の部に計上した額の合計額　1000億円

　二　前号の損益計算書の費用及び損失の部に計上した額の合計額　1000億円

　三　一般社団法人にあっては一般社団・財団法人法第2条第2号の貸借対照表，一般財団法人にあっては同条第3号の貸借対照表の負債の部に計上した額の合計額　50億円

Q5 公益法人の認定の要件とされる公益目的事業の分類は具体的にどうするのか。

A

　公益法人認定法の別表に掲げられる公益目的事業に入るものと入らないものを選別した上で、後記 **Q13** の公益目的事業比率等から公益目的事業とするものを決定します。

　特例民法法人の目的は、本来公益でありましたが、現状の事業を、改めて、別表に合わせて検討することとなります。現在の定款・寄附行為の目的が、別表と合致していれば、それを前提に検討をすればよいですが、実際には、どれに当たるかがよくわからない場合や二つ以上の事業に関係する場合等、スムーズにいかないことが予測されます。

　この分類によって、収支の配賦等その後の手続が決まってしまいますので、定款の目的から事業の具体的な内容を検討していく必要があります。

　不特定かつ多数の者の利益の増進という点ですが、いわゆる同業者で作られていた社団法人の場合、同業者の利益増進は公益目的事業には該当しないと判断されます。

◆参考条文
［公益法人認定法2条］
　この法律において，次の各号に掲げる用語の意義は，当該各号に定めるところによる。
　一　公益社団法人　第4条の認定を受けた一般社団法人をいう。
　二　公益財団法人　第4条の認定を受けた一般財団法人をいう。
　三　公益法人　公益社団法人又は公益財団法人をいう。
　四　公益目的事業　学術，技芸，慈善その他の公益に関する別表各号に掲げる種類の事業であって，不特定かつ多数の者の利益の増進に寄与するものをいう。

［別表（第2条関係）］
一　学術及び科学技術の振興を目的とする事業
二　文化及び芸術の振興を目的とする事業
三　障害者若しくは生活困窮者又は事故，災害若しくは犯罪による被害者の支援を目的とする事業
四　高齢者の福祉の増進を目的とする事業
五　勤労意欲のある者に対する就労の支援を目的とする事業
六　公衆衛生の向上を目的とする事業
七　児童又は青少年の健全な育成を目的とする事業
八　勤労者の福祉の向上を目的とする事業
九　教育，スポーツ等を通じて国民の心身の健全な発達に寄与し，又は豊かな人間性を涵養することを目的とする事業
十　犯罪の防止又は治安の維持を目的とする事業
十一　事故又は災害の防止を目的とする事業
十二　人種，性別その他の事由による不当な差別又は偏見の防止及び根絶を目的とする事業

十三　思想及び良心の自由，信教の自由又は表現の自由の尊重又は擁護を目的とする事業

十四　男女共同参画社会の形成その他のより良い社会の形成の推進を目的とする事業

十五　国際相互理解の促進及び開発途上にある海外の地域に対する経済協力を目的とする事業

十六　地球環境の保全又は自然環境の保護及び整備を目的とする事業

十七　国土の利用，整備又は保全を目的とする事業

十八　国政の健全な運営の確保に資することを目的とする事業

十九　地域社会の健全な発展を目的とする事業

二十　公正かつ自由な経済活動の機会の確保及び促進並びにその活性化による国民生活の安定向上を目的とする事業

二十一　国民生活に不可欠な物資，エネルギー等の安定供給の確保を目的とする事業

二十二　一般消費者の利益の擁護又は増進を目的とする事業

二十三　前各号に掲げるもののほか，公益に関する事業として政令で定めるもの

Q6 公益法人の事業の収益事業について，注意する点は何か。

A

　公益法人における収益事業は，あくまで公益目的事業を支えるためのものですので，公益目的事業の実施に支障を及ぼすおそれがないことが必要です。

　また，収益事業から生じた収益の50％は，公益目的事業のために使用しなければならないことから，収益事業の利益額が「0円以下」，すなわち赤字である場合には，その理由，または今後の改善策の記載が必要です。

　なお，公益法人に名を借りた収益法人は排除される方向ですので，毎年多くの黒字を出している法人は申請に当たり，収支の配賦を十分に検討することが必要です。

◆参考条文
[公益法人認定法5条]
　行政庁は，前条の認定（以下「公益認定」という。）の申請をした一般社団法人又は一般財団法人が次に掲げる基準に適合すると認めるときは，当該法人について公益認定をするものとする。
　七　公益目的事業以外の事業（以下「収益事業等」という。）を行う場合には，収益事業等を行うことによって公益目的事業の実施に支障を

及ぼすおそれがないものであること。
（第1号から第6号，第8号から第18号省略）
[同法18条]
　公益法人は，次に掲げる財産（以下「公益目的事業財産」という。）を公益目的事業を行うために使用し，又は処分しなければならない。ただし，内閣府令で定める正当な理由がある場合は，この限りでない。
　四　公益認定を受けた日以後に行った収益事業等から生じた収益に内閣
　　　府令で定める割合を乗じて得た額に相当する財産
（第1号から第3号，第5号から第8号省略）
[公益法人認定法施行規則24条]
　法第18条第4号の内閣府令で定める割合は，100分の50とする。

Q7 公益法人の事業におけるその他の事業とは何か。

A

その他の事業とは、公益目的事業及び収益事業のどちらにも当たらない事業、たとえば、会員相互の利益の追求を主たる目的とする事業のことをいいます。

雑収入または雑費程度の事業等、一事業として取り上げる規模や継続性を有しない事業を、まとめて申請書の別紙2のその他の事業欄に記載することもできます。

ここで、問題とされるのは、その他事業の支出が、法人全体の支出での中でかなりの部分を占めるため、後述の公益目的事業比率を満たさなくなる場合です。公益目的事業、収益事業、その他の事業を検討する場合は、目的、事業の具体的な内容も重要ですが、その収入部分、支出部分も併せて、検討することが重要となります。

Q8 法人の財務に関する公益認定の基準は何か。

A

公益法人としての認定を受けるためには，財務に関する基準を満たす必要があります。この基準には大別すると①収支相償，②公益目的事業比率，③遊休財産額保有制限の3つがあります。

①の収支相償とは，公益目的事業に係る収入がその実施に要する適正な費用を賄う額を超えてはいけないとする基準です。

②の公益目的事業比率とは，法人全体の事業費及び管理費のうち50％以上が公益目的事業のための費用として使われなければならないとする基準です。

③遊休財産額保有制限の基準とは，法人の純資産に計上された額のうち，具体的な使途の定まっていない財産額（有給財産額）が，1年分の公益目的事業費相当額を超えてはならないとするものです。

◆参考条文
[公益法人認定法5条]
　行政庁は，前条の認定（以下「公益認定」という。）の申請をした一般社団法人又は一般財団法人が次に掲げる基準に適合すると認めるときは，

当該法人について公益認定をするものとする。
　六　その行う公益目的事業について，当該公益目的事業に係る収入がその実施に要する適正な費用を償う額を超えないと見込まれるものであること。
　八　その事業活動を行うに当たり，第15条に規定する公益目的事業比率が100分の50以上となると見込まれるものであること。
　九　その事業活動を行うに当たり，第16条第2項に規定する遊休財産額が同条第1項の制限を超えないと見込まれるものであること。
(第1号から第5号，第7号，第10号から第18号省略)
[同法14条]
　公益法人は，その公益目的事業を行うに当たり，当該公益目的事業の実施に要する適正な費用を償う額を超える収入を得てはならない。
[同法15条]
　公益法人は，毎事業年度における公益目的事業比率（第1号に掲げる額の同号から第3号までに掲げる額の合計額に対する割合をいう。）が100分の50以上となるように公益目的事業を行わなければならない。
　一　公益目的事業の実施に係る費用の額として内閣府令で定めるところにより算定される額
　二　収益事業等の実施に係る費用の額として内閣府令で定めるところにより算定される額
　三　当該公益法人の運営に必要な経常的経費の額として内閣府令で定めるところにより算定される額
[同法16条]
　公益法人の毎事業年度の末日における遊休財産額は，公益法人が当該事業年度に行った公益目的事業と同一の内容及び規模の公益目的事業を翌事業年度においても引き続き行うために必要な額として，当該事業年度にお

ける公益目的事業の実施に要した費用の額(その保有する資産の状況及び事業活動の態様に応じ当該費用の額に準ずるものとして内閣府令で定めるものの額を含む。)を基礎として内閣府令で定めるところにより算定した額を超えてはならない。

2　前項に規定する「遊休財産額」とは,公益法人による財産の使用若しくは管理の状況又は当該財産の性質にかんがみ,公益目的事業又は公益目的事業を行うために必要な収益事業等その他の業務若しくは活動のために現に使用されておらず,かつ,引き続きこれらのために使用されることが見込まれない財産として内閣府令で定めるものの価額の合計額をいう。

> **Q9** 収支相償，公益目的事業比率及び遊休財産額保有制限等の基準を満たすかどうかはどのような手順で算出するか。

A

　収支相償については，移行認定の申請書（以下「申請書」といいます。）の別表A，公益目的事業比率については申請書別表B，遊休財産額保有制限については申請書別表Cの必要箇所に，数字を入れ込んで算出することになります。

　これらの各表を作成するのに必要な数字は，収支予算書と前期末の貸借対照表を基礎資料として作成する正味財産増減予算書（申請書添付資料），当期末見込貸借対照表，各事業に関連する費用額の配賦計算表（申請書別表F），収支予算の事業別区分経理の内訳表（申請書別表G）を作成して算出することになります。

　この作業は，過去・現在の分析に加え，将来の予測を踏まえたものであり，相当慎重に検討する必要があります。これらの基準は，移行認定にも必要ですが，移行認定後も，どれがが基準を満たさない場合，公益認定が取り消される可能性があるからです。

◆参考条文
［公益法人認定法29条］
　行政庁は，公益法人が次のいずれかに該当するときは，その公益認定を

取り消さなければならない。
- 一　第6条各号（第2号を除く。）のいずれかに該当するに至ったとき。
- 二　偽りその他不正の手段により公益認定，第11条第1項の変更の認定又は第25条第1項の認可を受けたとき。
- 三　正当な理由がなく，前条第3項の規定による命令に従わないとき。
- 四　公益法人から公益認定の取消しの申請があったとき。

2　行政庁は，公益法人が次のいずれかに該当するときは，その公益認定を取り消すことができる。
- 一　第5条各号に掲げる基準のいずれかに適合しなくなったとき。
- 二　前節の規定を遵守していないとき。
- 三　前2号のほか，法令又は法令に基づく行政機関の処分に違反したとき。

3　前条第5項の規定は，前2項の規定による公益認定の取消しをしようとする場合について準用する。

4　行政庁は，第1項又は第2項の規定により公益認定を取り消したときは，内閣府令で定めるところにより，その旨を公示しなければならない。

5　第1項又は第2項の規定による公益認定の取消しの処分を受けた公益法人は，その名称中の公益社団法人又は公益財団法人という文字をそれぞれ一般社団法人又は一般財団法人と変更する定款の変更をしたものとみなす。

6　行政庁は，第1項又は第2項の規定による公益認定の取消しをしたときは，遅滞なく，当該公益法人の主たる事務所及び従たる事務所の所在地を管轄する登記所に当該公益法人の名称の変更の登記を嘱託しなければならない。

7　前項の規定による名称の変更の登記の嘱託書には，当該登記の原因となる事由に係る処分を行ったことを証する書面を添付しなければならない。

Q10 収支予算の事業別区分経理の内訳表（申請書別表G）はどのように作成するか。

A

　別表Gは，正味財産増減予算書に公益目的事業会計，収益事業等会計及び法人会計を内訳表としてつけた内容となっています。

　経常収益の欄については，公益法人認定法やガイドラインに従って配賦して記載します。例えば，使途の定められていない社団法人の会費は50％以上を公益目的事業に配賦しなければならないことになっています。

　経常費用の欄については，作成した申請書別表Fの勘定科目と金額をそのまま転記します。経常外増減の欄については，正味財産増減予算書の勘定科目と金額をそのまま転記します。

◆参考条文
[公益法人認定法18条]

　公益法人は，次に掲げる財産（以下「公益目的事業財産」という。）を公益目的事業を行うために使用し，又は処分しなければならない。ただし，内閣府令で定める正当な理由がある場合は，この限りでない。

　一　公益認定を受けた日以後に寄附を受けた財産（寄附をした者が公益目的事業以外のために使用すべき旨を定めたものを除く。）

　二　公益認定を受けた日以後に交付を受けた補助金その他の財産（財産

を交付した者が公益目的事業以外のために使用すべき旨を定めたものを除く。)

(第3号から第8号省略)

[公益法人認定法施行規則26条]

　法第18条第8号の内閣府令で定める財産は，次に掲げる財産とする。

一　公益社団法人にあっては，公益認定を受けた日以後に徴収した経費（一般社団・財団法人法第27条に規定する経費をいい，実質的に対価その他の事業に係る収入等と認められるものを除く。第48条第3項第1号ホにおいて同じ。）のうち，その徴収に当たり使途が定められていないものの額に100分の50を乗じて得た額又はその徴収に当たり公益目的事業に使用すべき旨が定められているものの額に相当する財産

二　公益認定を受けた日以後に行った吸収合併により他の公益法人の権利義務を承継した場合にあっては，当該他の公益法人の当該合併の前日における公益目的取得財産残額（同日において当該他の公益法人の公益認定を取り消された場合における公益目的取得財産残額に準ずる額をいう。第48条において同じ。）に相当する財産

三　公益認定を受けた日以後に公益目的保有財産（第6号及び第7号並びに法第18条第5号から第7号までに掲げる財産をいう。以下同じ。）から生じた収益の額に相当する財産

四　公益目的保有財産を処分することにより得た額に相当する財産

五　公益目的保有財産以外の財産とした公益目的保有財産の額に相当する財産

六　前各号に掲げる財産を支出することにより取得した財産

七　公益認定を受けた日以後に第1号から第5号まで及び法第18条第1号から第4号までに掲げる財産以外の財産を支出することにより取

得した財産であって，同日以後に前条の規定により表示したもの
八　法第18条各号及び前各号に掲げるもののほか，当該法人の定款又は社員総会若しくは評議員会において，公益目的事業のために使用し，又は処分する旨を定めた額に相当する財産

Q11 各事業に関連する費用額の配賦（申請書別表F）とは何か。

A

　法人の維持，活動にかかる費用には，個別の事業に対する費用であることが明らかな費用（事業費）と個別の事業というよりは法人の活動や維持全般のための費用との性質の費用（管理費）とがあります。管理費の例としては，役員報酬，職員の給与，事務所の賃料やパソコンやファクシミリ複合機のリース料等が挙げられます。

　従前は管理費として計上されていた費用の一部を，実態に合わせて，事業費に振り分ける作業をして作成するのが別表Fになります。

　どうして，このような振り分けをするのかといえば，公益目的事業の事業費として計上できる範囲を増やすことにより，収支相償，公益目的事業比率及び遊休財産額保有制限の算定において，より認定を得やすくすることで，より安定した事業運営を実現することが可能になるところにその趣旨があると思われます。

　なお，費用の配賦は，実際の作業時間等に見合う形が望ましく，収入に応じて配賦することは実態を反映していないという指摘を受ける可能性があります。

◆参考条文
[公益法人認定法施行規則13条]
　法第15条第1号の公益目的事業の実施に係る費用の額として内閣府令で定めるところにより算定される額（以下「公益実施費用額」という。），同条第2号の収益事業等の実施に係る費用の額として内閣府令で定めるところにより算定される額（以下「収益等実施費用額」という。）及び同条第3号の当該公益法人の運営に必要な経常的経費の額として内閣府令で定めるところにより算定される額（以下「管理運営費用額」という。）の算定については，この節に定めるところによる。
2　公益法人の各事業年度の公益実施費用額，収益等実施費用額及び管理運営費用額（以下「費用額」という。）は，別段の定めのあるものを除き，次の各号に掲げる費用額の区分に応じ，当該各号に定める額とする。
　　一　公益実施費用額　当該事業年度の損益計算書に計上すべき公益目的事業に係る事業費の額
　　二　収益等実施費用額　当該事業年度の損益計算書に計上すべき収益事業等に係る事業費の額
　　三　管理運営費用額　当該事業年度の損益計算書に計上すべき管理費の額

Q12 収支相償の計算（申請書別表A）はどのように行うか。

A

　収支相償とは，公益目的事業に係る収入がその実施に要する適正な費用を賄う額を超えてはいけないとする基準です。これは，端的に，収入が支出を上回る事業は，公益ではなく収益事業と考えられるからです。

　収支相償の計算は，まず，①公益目的事業ごとに経常収益と経常経費とを比較して行い，次に，②公益目的事業全体を合算し収支を比較して行うという2段階で計算します。

　収益事業等を行う場合には，その収益事業等の利益の50％は必ず公益目的事業に繰り入れなければならず，収益事業等の利益の50％を繰り入れてもなお，公益目的事業の収支相償がマイナスである場合には，そのマイナスを埋める限度で収益事業等の利益を50％を超えて公益目的事業に繰り入れることができることになっています。そこで，収支相償の計算においても，収益事業等の利益の50％を繰り入れる場合（申請書別表A(1)）と収益事業等の利益の50％を超えて繰り入れる場合（申請書別表A(2)）とを分けています。

　なお，上記の計算により収益が費用を上回ってしまった場合，

その理由と解消のための方策について記載することが必要となります。

　支出の関係で，問題となりそうなものに，減価償却費があります。定率法を用いている場合，年々金額が減りますので，収入が支出を上回る可能性があります。

Q13 公益目的事業比率の算定（申請書別表B）はどのように行うか。

A

　公益目的事業比率とは，法人全体の事業費及び管理費のうち50％以上が公益目的事業のための費用として使われなければならないとする基準です。これは，50％以上が公益目的事業に使われていないものは公益法人に値しないと考えられるからです。

　この基準の算定は大まかにいえば，公益事業にかかる費用を，すべての事業の費用で割って算出します。もし，50％以上とならない場合は，公益事業にかかる費用を増やし，それ以外にかかる費用をできるだけ減らす方向で，検討していくことになります。前述のとおり，公益目的事業，収益事業，その他事業をどのように分類するかという問題は，費用の問題も含めて，検討することになります。

　なお，公益目的事業比率算定にあたっては，実際にはかかっていない費用をかかっているものとして費用計上できる「みなし費用」の計上が認められています。例えば，法人が使用する事務所が法人の所有である場合でも，その事務所を他人から賃借したと仮定し，通常要する賃料から実際に負担した固定資産税等の負担を差し引いた額を費用として計上することができます。

Q14 遊休財産額保有制限(申請書別表C)とは何か。

A

遊休財産額保有制限の基準とは,法人の純資産に計上された額のうち,具体的な使途の定まっていない財産額(遊休財産額)が,1年分の公益目的事業費相当額を超えてはならないとするものです。

遊休財産は,保有する財産が公益目的事業に速やかに使用されることを確保するためのものであり,遊休財産額は,純資産(資産-負債)-(控除対象財産-対応負債)という計算式で算出します。ここに控除対象財産とは,具体的な使途の定まっている固定資産のことを意味します。そして,「使途」が定められた固定資産すなわち控除対象財産かどうかは,従前の実態を前提とするのではなく,公益法人に移行した後の使途が定まっているかどうかによって判断されることになります。

この遊休財産額保有制限の算定においては,法人が有する財産を今後どのような目的で保有していくのかを確認検討する作業が不可欠となります。その際,公益目的保有財産は公益目的事業のために使用・処分しなければならず,それ以外の目的に使用することができなくなってしまうという点に留意して,保有している

財産の使途について検討し，振り分けをしていく必要があります。
　ここにおいても，前述のとおり，公益目的事業，収益事業，その他事業をどのように分類するかという問題が関係してきます。特に，将来予測の観点から，どのように費用がかかるかという検討をすることとなります。

Q15 他の団体の意思決定に関与可能な財産の保有（申請書別表D）は認められるか。

A

　他の団体の意思決定に関与可能な財産とは，①株式，②特殊法人の発行する出資に基づく権利，③合名会社，合資会社，合同会社その他の社団法人の社員権（公益社団法人に係るものを除く），④組合契約，投資事業有限責任組合契約又は有限責任事業組合契約に基づく権利，⑤信託契約に基づく委託者又は受益者としての権利，⑥外国法令に基づく財産で前各号に類するもの，をいいます。

　上記①ないし⑥に該当する財産を保有している場合，別表Dには，全て記載をすることになります。そして，株主総会その他の団体の財務及び営業又は事業の方針を決定する機関における議決権の過半数を有することは認められていませんので，もし，有している場合には，処分する等して，過半数を超えないようにしなければなりません。この規制の趣旨は，公益法人が例えば子会社の活動を通じて，公益目的事業比率の潜脱を行うことを防止することにあります。

◆参考条文

[公益法人認定法施行規則4条]

　法第5条第15号の内閣府令で定める財産は，次に掲げる財産とする。

　一　株式

　二　特別の法律により設立された法人の発行する出資に基づく権利

　三　合名会社，合資会社，合同会社その他の社団法人の社員権（公益社団法人に係るものを除く。）

　四　民法（明治29年法律第89号）第667条第1項に規定する組合契約，投資事業有限責任組合契約に関する法律（平成10年法律第90号）第3条第1項に規定する投資事業有限責任組合契約又は有限責任事業組合契約に関する法律（平成17年法律第40号）第3条第1項に規定する有限責任事業組合契約に基づく権利（当該公益法人が単独で又はその持分以上の業務を執行する組合員であるものを除く。）

　五　信託契約に基づく委託者又は受益者としての権利（当該公益法人が単独の又はその事務の相当の部分を処理する受託者であるものを除く。）

　六　外国の法令に基づく財産であって，前各号に掲げる財産に類するもの

[公益法人認定法施行令7条]

　法第5条第15号ただし書の政令で定める場合は，株主総会その他の団体の財務及び営業又は事業の方針を決定する機関における議決権の過半数を有していない場合とする。

Q16 申請の際に、申請書に添付する定款変更の案は、どのように作成すればよいか。

A

　認定の申請の段階で、「定款の変更の案」が移行先の法令に適合しているかが審査されます。

　よって、移行の認定の申請の前に、目的・事業内容、財務内容や組織を見直して、公益社団法人または公益財団法人になった場合には、このように定款を変更するという「定款の変更の案」を作成し、社員総会等の決議等、法人の意思決定を行う必要があります。

　内閣府は、定款の変更について、モデル定款を作成しており、これをひな形として、利用することもできます。

　内閣府では、「定款の変更の案を作成するに際し特に留意すべき事項」（留意事項）も示していますが、具体的な定款の案において、同事項の「II各論」に記載された各事項と異なる定め（記載方法）を選択している場合には、「定款の変更の案についての説明書」を作成し、それも申請書に添付する必要があります。

◆参考条文
[整備法100条]

行政庁は，第44条の認定の申請をした特例民法法人（以下この款及び第133条第2項において「認定申請法人」という。）が次に掲げる基準に適合すると認めるときは，当該認定申請法人について第44条の認定をするものとする。
　一　第103条第2項第2号の定款の変更の案の内容が一般社団・財団法人法及び公益法人認定法並びにこれらに基づく命令の規定に適合するものであること。
　二　公益法人認定法第5条各号に掲げる基準に適合するものであること。

Q17 申請書に添付する別紙4「その他の添付書類」中の「7　確認書類」に記載することは何か。

A

　申請に際しては，公益認定基準及び欠格事由の一定事項について，公益認定基準については適合していること，欠格事由については該当しないことについて，確認した上で，その旨の確認書を作成して提出する必要があります。

　一定の事項の主なものうち，(1)公益認定基準に関するものとして，①親族等である理事又は監事の合計数の制限，②相互に密接な関係にある者である理事又は監事の合計数の制限，(2)欠格事由に関するものとして，①理事，監事及び評議員の欠格事由，②定款又は事業計画書の内容の法令違反，③暴力団員等による事業活動の支配，があります。

　このうち，(2)①は，具体的には，(a)公益法人認定法その他に一定の法律に違反した者，(b)一定の刑法犯，(c)暴力団員についての資格制限を規定しているものです。

　認定後，確認事項に反する事実が判明した場合には，認定を取り消される場合もありますので，注意が必要です。

◆参考条文
［公益法人認定法5条］
　行政庁は，前条の認定（以下「公益認定」という。）の申請をした一般社団法人又は一般財団法人が次に掲げる基準に適合すると認めるときは，当該法人について公益認定をするものとする。
　十　各理事について，当該理事及びその配偶者又は3親等内の親族（これらの者に準ずるものとして当該理事と政令で定める特別の関係がある者を含む。）である理事の合計数が理事の総数の3分の1を超えないものであること。監事についても，同様とする。
（第1号から第9号，第11号から第18号省略）

> **Q18** 理事，監事及び評議員の欠格事由を調査する方法はあるか。

A

　理事，監事及び評議員には，一定の欠格事由が定められており（公益法人認定法6条），その欠格事由に該当する者は，これらの役職に就くことができず，理事，監事及び評議員がその欠格事由に該当するに至れば，公益認定は取り消されることになっています（公益法人認定法29条1項1号）。

　移行申請の際も，申請時の理事，監事及び評議員に，その欠格事由に該当する者がいれば，公益認定を受けることはできず，欠格事由該当者を欠格事由非該当者と入れ替える手続（定款変更手続きなど）をし直さなければならないということになります。

　ですから，理事，監事及び評議員を選任する際には，欠格事由に該当するかどうかの確認が欠かせないことになります。ところが，欠格事由に該当するか否かの確認は，必ずしも容易ではありません。例えば，一定の刑事罰を受けた者が欠格事由に該当することになっていますが，自己申告やマスコミによる報道記事など以外で，調査する方法がないのが現状です。

　なお，欠格事由のうち，暴力団員であること又は暴力団員でなくなった日から5年を経過しない者かどうかについては，最寄り

の警察署の暴力団対策課に事情を説明して相談すると，該当の有無を確認出来る場合があります。

◆参考条文
[公益法人認定法6条]
　前条の規定にかかわらず，次のいずれかに該当する一般社団法人又は一般財団法人は，公益認定を受けることができない。
一　その理事，監事及び評議員のうちに，次のいずれかに該当する者があるもの
　　ロ　この法律，一般社団法人及び一般財団法人に関する法律（平成18年法律第48号。以下「一般社団・財団法人法」という。）若しくは暴力団員による不当な行為の防止等に関する法律（平成3年法律第77号）の規定（同法第32条の2第7項の規定を除く。）に違反したことにより，若しくは刑法（明治40年法律第45号）第204条，第206条，第208条，第208条の3第1項，第222条若しくは第247条の罪若しくは暴力行為等処罰に関する法律（大正15年法律第60号）第1条，第2条若しくは第3条の罪を犯したことにより，又は国税若しくは地方税に関する法律中偽りその他不正の行為により国税若しくは地方税を免れ，納付せず，若しくはこれらの税の還付を受け，若しくはこれらの違反行為をしようとすることに関する罪を定めた規定に違反したことにより，罰金の刑に処せられ，その執行を終わり，又は執行を受けることがなくなった日から5年を経過しない者
　　ハ　禁錮以上の刑に処せられ，その刑の執行を終わり，又は刑の執行を受けることがなくなった日から5年を経過しない者

二　暴力団員による不当な行為の防止等に関する法律第2条第6号に規定する暴力団員（以下この号において「暴力団員」という。）又は暴力団員でなくなった日から5年を経過しない者（第6号において「暴力団員等」という。）
三　その定款又は事業計画書の内容が法令又は法令に基づく行政機関の処分に違反しているもの
六　暴力団員等がその事業活動を支配するもの
（第1号イ，第2号，第4号から第5号省略）

Q19 公益法人における理事等の報酬については、どのように定めればよいか。

A

公益法人の理事等も報酬等を受け取ることはできますが、報酬等が公益法人の経理の状況等に照らし、不当に高額な場合には、法人の非営利性を潜脱するおそれがあります。

そこで、公益法人認定法では、理事等に対する報酬等が不当に高額なものとならないよう支給の基準を定めていることを公益認定の基準とした上で、当該支給基準を公表するともに、その基準に従って報酬等を支給するものとされています。

具体的には、理事等の勤務形態に応じた報酬等の区分、金額の算定方法、支給の方法、支給の形態等を記載した「理事、監事及び評議員に対する報酬等の支給の基準を記載した書類」を作成し、申請書に添付する必要があります。

◆参考条文
[公益法人認定法5条]
　行政庁は、前条の認定(以下「公益認定」という。)の申請をした一般社団法人又は一般財団法人が次に掲げる基準に適合すると認めるときは、当該法人について公益認定をするものとする。
十三　その理事、監事及び評議員に対する報酬等(報酬、賞与その他の職

務遂行の対価として受ける財産上の利益及び退職手当をいう。以下同じ。）について，内閣府令で定めるところにより，民間事業者の役員の報酬等及び従業員の給与，当該法人の経理の状況その他の事情を考慮して，不当に高額なものとならないような支給の基準を定めているものであること。
（第1号から第12号，第14号から第18号省略）
[同法20条]
　公益法人は，第5条第13号に規定する報酬等の支給の基準に従って，その理事，監事及び評議員に対する報酬等を支給しなければならない。
2　公益法人は，前項の報酬等の支給の基準を公表しなければならない。これを変更したときも，同様とする。
[公益法人認定法施行規則3条]
　公益社団法人及び公益財団法人の認定等に関する法律（平成18年法律第49号。以下「法」という。）第5条第13号に規定する理事，監事及び評議員（以下「理事等」という。）に対する報酬等の支給の基準においては，理事等の勤務形態に応じた報酬等の区分及びその額の算定方法並びに支給の方法及び形態に関する事項を定めるものとする。

Q20 同業者法人,同族法人は公益法人となれるか。

A
　いわゆる業界団体や或いは故人の意思を尊重して作られた財団法人など,多くの特例民法法人も,公益法人認定法の要件を満たせば,公益法人となれます。その際,問題となるのが,理事,監事の人数制限です。

　まず,親族に関しては,理事,監事の3分の1を超えてはいけません。また,同一団体から理事,監事を入れる場合も同じです。その趣旨とするところは,第三者を理事,監事に入れることにより,内部の不正を防止し,公益の増進を図ろうとするものですが,第三者の関与を好ましく思わない場合は,一般法人への移行が妥当です。

◆参考条文
[公益法人認定法5条]
　行政庁は,前条の認定(以下「公益認定」という。)の申請をした一般社団法人又は一般財団法人が次に掲げる基準に適合すると認めるときは,当該法人について公益認定をするものとする。
　十　各理事について,当該理事及びその配偶者又は3親等内の親族(これらの者に準ずるものとして当該理事と政令で定める特別の関係があ

る者を含む。）である理事の合計数が理事の総数の3分の1を超えないものであること。監事についても，同様とする。

十一　他の同一の団体（公益法人又はこれに準ずるものとして政令で定めるものを除く。）の理事又は使用人である者その他これに準ずる相互に密接な関係にあるものとして政令で定める者である理事の合計数が理事の総数の3分の1を超えないものであること。監事についても，同様とする。

（第1号から第9号，第12号から第18号省略）

【編者紹介】

寺 本 吉 男（てらもと・よしお）

弁護士
寺本法律会計事務所
〔事務所〕
〒104-0061
東京都中央区銀座2丁目5番5号
　共同ビル西銀座4階
　電話03（5250）3921
　FAX 03（5250）3925

Q&A 特例民法法人移行手続案内

2012年（平成24年）10月25日　第1版第1刷発行

編　者	寺　本　吉　男
	今　井　　　貴
発行者	渡　辺　左　近
発行所	信山社出版株式会社

〒113-0033　東京都文京区本郷6-2-9-102
　　　　　　　電　話　03（3818）1019
　　　　　　　FAX　03（3818）0344

Printed in Japan

© 寺本吉男，2012．　　印刷・製本／松澤印刷・牧製本
ISBN978-4-7972-2614-0　C3332

法律学の森／法律学講座

◇法律学の森◇

憲法訴訟論〔第2版〕	新　正幸 著	定価：9,240円
フランス民法	大村 敦志 著	定価：3,990円
債権総論Ⅰ〔第2版〕	潮見 佳男 著	定価：5,040円
債権総論Ⅱ〔第3版〕	潮見 佳男 著	定価：5,040円
契約各論Ⅰ	潮見 佳男 著	定価：4,410円
不法行為法Ⅰ〔第2版〕	潮見 佳男 著	定価：5,040円
不法行為法Ⅱ〔第2版〕	潮見 佳男 著	定価：4,830円
新会社法〔第3版〕	青竹 正一 著	定価：6,825円
会社法論	泉田 栄一 著	定価：7,224円
イギリス労働法	小宮 文人 著	定価：3,990円
韓国法〔第2版〕	高　翔龍 著	定価：6,300円

◇法律学講座◇

憲法講義（人権）	赤坂 正浩 著	定価：3,990円
行政救済法	神橋 一彦 著	定価：5,040円
信託法	星野　豊 著	定価：3,570円
国際労働法	小西 國友 著	定価：4,410円
実践国際法	小松 一郎 著	定価：5,250円

価格は税込価格（本体＋税）

学術選書

№	書名	番号	著者	定価
1	民事紛争解決手続論	(0001)	太田 勝造 著	7,140円
2	人権論の新構成	(0003)	棟居 快行 著	9,240円
3	労災補償の諸問題（増補版）	(0004)	山口 浩一郎 著	9,240円
4	訴訟と非訟の交錯	(0006)	戸根 住夫 著	7,980円
5	行政訴訟と権利論（新装版）	(0007)	神橋 一彦 著	9,240円
6	立憲国家と憲法変遷	(0008)	赤坂 正浩 著	13,440円
7	立憲平和主義と有事法の展開	(0009)	山内 敏弘 著	9,240円
8	隣地通行権の理論と裁判（増補版）	(0011)	岡本 詔治 著	10,290円
9	陪審と死刑	(0015)	岩田 太 著	10,500円
10	国際倒産 vs. 国際課税	(0016)	石黒 一憲 著	12,600円
11	企業結合法制の理論	(0017)	中東 正文 著	9,240円
12	ドイツ環境行政法と欧州	(0018)	山田 洋 著	6,090円
13	相殺の担保的機能	(0019)	深川 裕佳 著	9,240円
14	複雑訴訟の基礎理論	(0020)	徳田 和幸 著	11,550円
15	普遍比較法学の復権	(0021)	貝瀬 幸雄 著	6,090円
16	国際私法及び親族法	(0022)	田村 精一 著	10,290円
17	非典型担保の法理	(0023)	鳥谷部 茂 著	9,240円
18	要件事実論概説 契約法	(0024)	並木 茂 著	10,290円
19	要件事実論概説Ⅱ	(0025)	並木 茂 著	10,080円
20	国民健康保険の保険者	(0026)	新田 秀樹 著	7,140円
21	違法性阻却原理としての新目的説	(0027)	吉田 宣之 著	9,240円
22	不確実性の法的制御	(0028)	戸部 真澄 著	9,240円
23	外交的保護と国家責任の国際法	(0029)	広瀬 善男 著	12,600円
24	人権条約の現代的展開	(0030)	申 惠丰 著	5,250円
25	民法学と消費者法学の軌跡	(0031)	野澤 正充 著	7,140円
26	ドイツ新債務法と法改正	(0032)	半田 吉信 著	9,240円

価格は税込価格（本体＋税）

判例総合解説

分野別判例解説書の新定番　　　　　　　　　　　実務家必携のシリーズ

実務に役立つ理論の創造
緻密な判例の分析と理論根拠を探る

権利能力なき社団・財団の判例総合解説　河内　宏 著　定価 2,520円
新たの視点からの定義の再検討と判例分析　ISBN978-4-7972-5655-0 C3332

錯誤の判例総合解説　小林一俊 著　定価 2,520円
錯誤の実質的な判断基準を総合的に分析　ISBN978-4-7972-5647-5 C3332

即時取得の判例総合解説　生熊長幸 著　定価 2,310円
即時取得の判例分析と理論根拠を探る　ISBN978-4-7972-5642-0 C3332

入会権の判例総合解説　中尾英俊 著　定価 3,360円
複雑な入会権紛争の実態を整理・検証　ISBN978-4-7972-5660-4 C3332

不動産附合の判例総合解説　平田健治 著　定価 2,310円
附合制度を具体的紛争毎に整理、詳述　ISBN978-4-7972-5672-7 C3332

債権者取消権の判例総合解説　下森　定 著　定価 2,730円
成立要件・行使・効果に区分し分り易く整理　ISBN978-4-7972-5668-0 C3332

保証人保護の判例総合解説〔第2版〕　平野裕之 著　定価 3,360円
保証人の責任制限をめぐる判例の分析　ISBN978-4-7972-5662-8 C3332

間接被害者の判例総合解説　平野裕之 著　定価 2,940円
間接被害者の損害賠償判例を分析整理　ISBN978-4-7972-5658-1 C3332

危険負担の判例総合解説　小野秀誠 著　定価 3,045円
危険負担論の新たな進路を示す研究書　ISBN978-4-7972-5657-4 C3332

同時履行の抗弁権の判例総合解説　清水　元 著　定価 2,415円
判例理論の現状を整理し批判的に分析　ISBN978-4-7972-5656-7 C3332

リース契約の判例総合解説　手塚宣夫 著　定価 2,310円
契約関係の責任の所在を見直し再検討　ISBN978-4-7972-5661-1 C3332

権利金・更新料の判例総合解説　石外克喜 著　定価 3,045円
判例分析を通じてその理論根拠を探る　ISBN978-4-7972-5641-3 C3332

借家法と正当事由の判例総合解説　本田純一 著　定価 3,045円
借家の明渡し紛争に予測可能な解決指針を与える　ISBN978-4-7972-5648-2 C3332

不当利得の判例総合解説　土田哲也 著　定価 2,520円
事実関係の要旨付きで実務判断に便利　ISBN978-4-7972-5643-7 C3332

事実婚の判例総合解説　二宮周平 著　定価 2,940円
内縁の今日的法的な問題解決への指針　ISBN978-4-7972-5653-6 C3332

婚姻無効の判例総合解説　右近健男 著　定価 2,310円
婚姻無効に関わる判例を総合的に整理・分析　ISBN978-4-7972-5645-1 C3332

親権の判例総合解説　佐藤隆夫 著　定価 2,310円
親権の学説動向を分析し親子法を展望　ISBN978-4-7972-5654-3 C3332

相続・贈与と税の判例総合解説　三木義一 著　定価 3,045円
相続・贈与の税法と民法の関係を聴取　ISBN978-4-7972-5659-8 C3332

価格は税込価格(本体＋税)